Dinosaurios

Pterodáctilo

Daniel Nunn

Heinemann Library
Chicago, Illinois

© 2007 Heinemann Library
a division of Reed Elsevier Inc.
Chicago, Illinois

Customer Service 888-454-2279
Visit our website at www.heinemannraintree.com

Designed by Joanna Hinton-Malivoire
Printed and bound in China by South China Printing Co. Ltd.
Translation into Spanish produced by DoubleO Publishing Services

11 10 09 08 07
10 9 8 7 6 5 4 3 2

The Library of Congress has cataloged the first edition of this book as follows:
Nunn, Daniel.
Nunn, Daniel.
   [Pterodactyl. Spanish]
   Pterodáctilo / Daniel Nunn.
      p. cm. -- (Dinosaurios)
   Includes index.
   ISBN-13: 978-1-4329-0525-5 (lib. bdg.)
   ISBN-13: 978-1-4329-0532-3 (pbk.)
   1. Pterodactyls--Juvenile literature. I. Title.
   QE862.P7N8618 2007
   567.918--dc22
                              2007022416

Acknowledgements
The publishers would like to thank the following for permission to reproduce photographs: Alamy pp. 6 (Christian Darkin), 20 (Chris Howes/Wild Places Photography), 22 (blickwinkel), 23 (Chris Howes/Wild Places Photography); Corbis p. 7 (Zefa/Sidney); Getty images p. 18 (Louie Psihoyos); Masterfile p. 15 (Glen Wexler); Natural History Museum p. 19; Superstock pp. 21 and 22 (age footstock).

Cover photograph of Pterodactyl reproduced with permission of Masterfile/Glen Wexler.

Every effort has been made to contact copyright holders of any material reproduced in this book. Any omissions will be rectified in subsequent printings if notice is given to the publishers.

Contenido

Los dinosaurios

Los dinosaurios eran reptiles.

Los dinosaurios vivieron hace
mucho tiempo.

Los pterodáctilos eran reptiles y vivían con los dinosaurios.

Los pterodáctilos vivieron hace mucho tiempo. Hoy en día no existen.

Pterodáctilo

Iguanodon

Algunos dinosaurios eran grandes.

Pero los pterodáctilos
eran pequeños.

Los pterodáctilos tenían alas.

Los pterodáctilos podían volar.

Los pterodáctilos eran lentos en
la tierra.

Los pterodáctilos eran veloces en el aire.

Los pterodáctilos tenían ojos grandes.

Los pterodáctilos usaban los ojos para
buscar alimento.

Los pterodáctilos comían insectos.

A veces, otros reptiles
comían pterodáctilos.

¿Cómo lo sabemos?

Los científicos han hallado fósiles de los pterodáctilos.

Los fósiles son partes de animales
que vivieron hace mucho tiempo.

fósil

Los fósiles se hallan en las rocas.

Los fósiles nos dicen cómo eran
los pterodáctilos.

Prueba sobre los fósiles

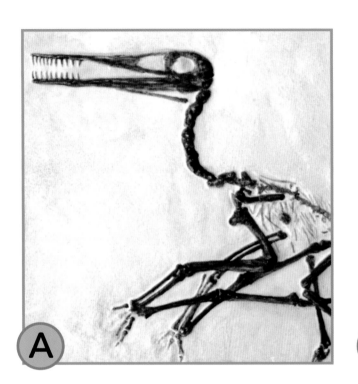

A

B

Uno de estos fósiles fue un pterodáctilo.
¿Sabes cuál?

Glosario ilustrado

dinosaurio un animal que vivió hace mucho tiempo

fósil partes de un animal muerto que vivió hace mucho tiempo

reptil animal de sangre fría. Las serpientes, los lagartos, las tortugas y los caimanes son reptiles.

Respuesta a la pregunta de la página 22
El fósil A es del pterodáctilo.
El fósil B es del diplodoco.

Índice

Notas a padres y maestros

Esta serie ofrece una primera introducción a los dinosaurios. Con lenguaje sencillo, cada libro explica las características físicas de los diferentes dinosaurios, su comportamiento y cómo los fósiles han proporcionado una clave para nuestro conocimiento acerca de la existencia de los dinosaurios y su extinción. Se consultó a un experto para que el contenido fuera interesante y, a la vez, preciso. El texto ha sido cuidadosamente seleccionado con el consejo de un experto en lecto-escritura para asegurar que los principiantes puedan leer el texto de forma independiente o con apoyo moderado.

Usted puede apoyar las destrezas de lectura de no ficción de los niños ayudándolos a usar el contenido, el glosario ilustrado y el índice.